AU ROY,

ET A NOSSEIGNEURS

les Commissaires Députés par Arrêt de son Conseil, du 17. May 1738.

SIRE,

L'EVESQUE DE RODEZ remontre très-humblement à VOTRE MAJESTE', qu'ayant jugé nécessaire & indispensable pour le bien de son Diocése, de faire défenses au sieur Brianne Curé de la Paroisse de Notre-Dame de la Ville de Rodez, d'administrer le Sacrement de Pénitence à d'autres qu'à ses propres Paroissiens ; il auroit par une Ordonnance spéciale du 22. Octobre 1737. signifiée le même jour à la requête de son Promoteur, fait notifier audit sieur Brianne que le Suppliant, pour des raisons à lui connuës, le restraignoit à ses seuls Paroissiens, en ce qui concernoit l'administration du Sacrement de Pénitence, déclarant nulles les absolutions qui pourroient être par lui données au préjudice de ces défenses.

Le sieur Brianne, loin de reconnoître avec soumission l'autorité de

A

fon Evêque., oubliant au contraire toutes les régles de la fubordina-
tion, s'eft pourvû au Parlement de Touloufe, & a conclu par fa Requête., à ce qu'il lui fût permis de relever appel comme d'abus de
l'Ordonnance du Suppliant, de le prendre même à partie, comme
auffi de l'intimer fur l'appel, pour voir ordonner qu'en déclarant y
avoir abus dans fon Ordonnance du 23. Octobre 1737. ledit fieur
Brianne feroit maintenu dans le droit & poffeffion d'adminiftrer le
Sacrement de Pénitence, tant à fes Paroiffiens, qu'aux Paroiffiens
étrangers, fans qu'il foit befoin d'une approbation fpéciale de l'Evêque.

On n'auroit jamais penfé qu'un Prêtre, qu'un Curé, eût été capa-
ble de fe livrer à des excès auffi caractérifés que ceux qui réfultent de
la Requête du fieur Brianne au Parlement de Touloufe, & des Conclufions qu'il y a prifes. En effet, s'agiffant de l'étendüe ou de la limitation des pouvoirs de ceux qui adminiftrent le Sacrement de Pénitence fous l'autorité de l'Evêque, auffi bien que de la validité ou nul-
lité des Abfolutions, comment le fieur Brianne a-t-il pû recourir aux
Juges féculiers pour faire prononcer fur des matieres purement fpirituelles, qui appartiennent fi effentiellement au facré Miniftere ? Si le
fieur Brianne fe croit grevé par l'Ordonnance de fon Evêque, au lieu
de fe pourvoir devant fes Supérieurs dans l'ordre hiérarchique, il a

Nouv. Mém. du recours à l'autorité du Parlement de Touloufe, pour lui demander la
du Clergé, tom. 3. p. permiffion d'adminiftrer le Sacrement de Pénitence ; il ne fait point
903. & fuiv. difficulté de confondre la complainte fur le poffeffoire d'un Bénéfi-
» ce, dont une partie eft temporelle, avec la poffeffion d'exercer des
» fonctions qui n'ont rien que de fpirituel ; un tel procédé, difoit le
» Clergé de France en 1653. à l'occafion d'une entreprife à peu près
» femblable, ne tend pas moins qu'à arracher les clefs des mains de
» Saint Pierre, & de fes Succeffeurs, pour les mettre en celles des Ju-
» ges féculiers, & vouloir tenir d'eux la permiffion d'abfoudre les pé-
» cheurs, de difpenfer les tréfors du fang du Fils de Dieu, d'ouvrir &
» de fermer la porte du Ciel, & de recevoir les Chrétiens au Sacre-
» ment de réconciliation. » De tels excès feroient incroyables, s'ils
n'étoient vérifiés par la Requête du fieur Brianne au Parlement de
Touloufe, dans laquelle il a eu la témérité de conclure à être maintenu dans le droit & poffeffion d'adminiftrer le Sacrement de Pénitence, tant à fes Paroiffiens qu'aux Paroiffiens étrangers, fans qu'il
foit befoin d'une approbation fpéciale de l'Evêque, & même contre
fes défenfes expreffes.

Il y avoit lieu de croire qu'une demande auffi contraire à toutes les
Loix de l'Eglife, & aux Ordonnances du Royaume, ne feroit point
admife au Parlement de Touloufe. Cette Cour, par le feul expofé des
Conclufions de la Requête, devoit reconnoître fon incompétence,
elle ne pouvoit ignorer les régles Canoniques, non plus que les dif-

Nouv. Mém. du férens Arrêts rendus au Confeil de VOTRE MAJESTE, entr'autres ceux
Clergé, tom. 3. pag. des 9. Janvier 1657. 16. Juillet & 24. Décembre 1658. par lefquels il
357. & fuiv. a été fait défenfes aux Cours féculieres de prendre connoiffance de

l'approbation des Confeſſeurs, Miſſion des Prédicateurs, & autres matieres purement ſpirituelles, ſauf aux Parties à ſe pourvoir par appel
ſimple pardevant les Supérieurs Eccléſiaſtiques qui en doivent connoître.

Nonobſtant ces Réglemens, dont la manutention eſt ſi néceſſaire
pour ne point confondre ce qui appartient à l'une & à l'autre Puiſſance,
le Parlement de Toulouſe par Arrêt du 18. Décembre 1737. ayant
égard à la Requête du ſieur Brianne, non ſeulement lui a permis d'ap-
peller comme d'abus de l'Ordonnance du Suppliant du 23. Octobre
précédent, & de l'intimer ſur ledit appel ; mais pour opérer le com-
ble de la contravention aux Ordonnances les plus ſolemnelles, formées ſpécialement pour la protection de l'Egliſe, cette Cour n'a point
fait difficulté de donner par le même Arrêt au ſieur Brianne la priſe à
partie contre le Suppliant, quoique par l'Article XLIII. de l'Edit de
du mois d'Avril 1695. concernant la Juriſdiction Eccléſiaſtique, il ſoit
expreſſément ordonné que les Archevêques, Evêques, ou leurs Grands
Vicaires, ne pourront être pris à partie pour les Ordonnances par eux
rendues dans les matieres qui dépendent de la Juriſdiction volontaire ;
& l'on ne peut conteſter que l'approbation des Confeſſeurs, l'étenduë
ou la reſtriction de leurs pouvoirs, ne faſſent une portion eſſentielle
de cette Juriſdiction gracieuſe, qui appartient aux Evêques dans le
gouvernement de leurs Dioceſes.

Votre Majeste', SIRE, a été informée de l'entrepriſe du ſieur
Brianne, & de l'atteinte donnée aux Loix de l'Egliſe & de l'Etat par
l'Arrêt du Parlement de Toulouſe ; Elle a connu toute l'importance de
cette affaire, & combien la Religion s'y trouvoit intéreſſée ; c'eſt ce
qui a déterminé Votre Majeste' dans l'Arrêt rendu en ſon Conſeil
le 25. Février 1738. à évoquer à ſa Perſonne l'appel comme d'abus
interjetté par le ſieur Brianne de l'Ordonnance du Suppliant, & tout
ce qui s'en eſt enſuivi, circonſtances & dépendances : c'eſt auſſi dans
ces mêmes vûes que Votre Majeste' par un ſecond Arrêt de ſon Conſeil du 17. May ſuivant, a renvoyé l'examen de cet appel comme d'a-
bus pardevant les Commiſſaires y dénommés, pour donner leur avis,
& icelui vû & rapporté, être par Votre Majeste' ordonné ce qu'il
appartiendra.

Le Suppliant ſe fait un devoir d'expoſer ſa conduite aux yeux de
Votre Majeste' comme protecteur de l'Egliſe, & de faire voir que
s'il a jugé néceſſaire de réduire le ſieur Brianne à ſes ſeuls Paroiſſiens
pour l'adminiſtration du Sacrement de Pénitence, il n'a fait qu'uſer
d'un droit commun à tous les Evêques, attaché à leur autorité, & in-
ſéparable de leur Caractere.

Pour être convaincu de ce droit des Evêques, il ſuffiroit de conſi-
dérer que c'eſt à eux que ſe trouve commiſe la charge des ames de
tout le Dioceſe : *Volumus Epiſcopum rerum Eccleſiaſticarum poteſtatem
habere*, dit le Canon 41. entre ceux qui ſont attribués aux Apôtres,
nempe ſi pretioſæ hominum animæ ſunt ejus fidei commiſſæ, multò certè ma-

gis decens eſt de pecuniis mandare, &c. Le 24. Canon du Concile d'Antioche tenu en 341. n'y eſt pas moins formel ; *quæcumque res Ecclesiæ ſunt, convenit gubernari, & diſpenſari cum judicio & poteſtate Epiſcopi, cui totius plebis animæ videntur eſſe commiſſæ.*

Conformément à ces Décrets fondés ſur l'ordre établi de Dieu même dès la naiſſance de l'Egliſe, il n'eſt pas permis de douter que les Evêques ne ſoient les vrais Paſteurs de leurs Diocèſes, laquelle qualité leur impoſe en même tems l'obligation indiſpenſable de preſcrire & d'ordonner ce qui leur paroît néceſſaire pour le ſalut des ames, qui leur ſont confiées, & dont ils ſont comptables envers Dieu : car ſi dans l'Egliſe on a inſtitué en titre des Paſteurs du ſecond Ordre, cet établiſſement n'a point été formé pour diminuer ou reſtraindre l'autorité des Evêques, mais ſeulement pour les ſoulager : ce ſont des Coadjuteurs, des Coopérateurs dans la ſollicitude paſtorale, mais non pas des Chefs abſolus dans la portion du Diocèſe, où le ſoin des ames peut leur être confié ſous la dépendance des Eveques ; auſſi les Théologiens & les Canoniſtes conviennent que par l'inſtitution des Curés, les Evêques n'ont point été affranchis de la charge des ames, & que dans cette partie la plus eſſentielle du gouvernement de leurs Diocèſes, les mêmes obligations ſubſiſtent à leur égard telles qu'elles étoient avant l'érection des Curés en titres, & la diviſion des Paroiſſes.

Partie I. num. 1. 2. & 3.

Squillante, dans ſon Traité *de obligat. & privileg. Epiſcop.*, après avoir obſervé que l'Evêque eſt le Curé de tout le Diocèſe, que c'eſt à lui principalement que la charge des ames eſt commiſe, continue en ces termes ; *Ideo eſt obſervandum quod per inſtitutionem Parochorum, Epiſcopus non exoneratur, ſed ejus onus alleviatur, quia Parochi dantur in Coadjutores, cùm ſoli onus populi ferre non poſſint.*

Parte ſecundâ in comp. num. 24.

Sur ce même fondement, Barboſa *de offic. & poteſtate Epiſcopi*, a remarqué que ſouvent les Evêques étoient tenus d'exercer eux-mêmes le ſoin des ames. Il en rend cette raiſon, *cùm ipſi veri ſint animarum Paſtores, eiſque oves præcipuè fuerint demandatæ,* il ajoute, *inferiores verò potius Coadjutores ſunt, quàm Paſtores, qui ſæpius, mercenariorum more, oves dimittunt.*

Si l'Evêque doit être le vrai Paſteur de ſon Diocèſe, ſi en cette qualité la charge des ames lui eſt ſpécialement confiée pour en rendre compte, ſera-t-il permis de douter qu'il ne puiſſe reſtraindre & limiter les pouvoirs des Paſteurs du ſecond Ordre, qui ne ſont appellés dans la direction des ames du Diocèſe, qu'avec ſubordination à l'autorité de l'Evêque, & comme ſes Coadjuteurs.

L'Hiſtoire Eccléſiaſtique fournit des exemples ſans nombre de la limitation que les Evêques ont fait des pouvoirs des Curés dans l'adminiſtration du Sacrement de Pénitence, non ſeulement par rapport aux Paroiſſiens étrangers, mais auſſi à l'égard de leurs propres Paroiſſiens. Les Curés n'avoient pas même dans l'ancienne diſcipline la liberté de confeſſer tous leurs Paroiſſiens ; les Evêques envoyoient des Confeſſeurs dans chaque Archidiaconé, ou Doyenné, pour adminiſtrer le Sacrement de Pénitence

aux

aux Doyens ruraux, aux Prêtres, & autres personnes que les Evêques jugeoient à propos d'excepter. Une multitude de Conciles tenus dans les treiziéme & quatorziéme siécles établissent cette discipline ; & conformément à cette autorité, qui appartient à l'Evêque du Diocése, Gaultier Evêque de Poitiers, dans ses Constitutions Synodales publiées en 1280. Can. 4. ordonna que les Abbés, Abbesses, Prieurs, Archi-Prêtres, Doyens & Curés se confesseroient à lui, à ses Pénitenciers, ou à ceux qu'il pourroit commettre : les termes de son Décret sont même à remarquer, ils renferment à cet égard le fondement de l'autorité Episcopale ; *Cùm cura & sollicitudo totius Diœcesis nobis incumbere dignoscatur*, dit cet Evêque, *præcipimus quod Abbates, Abbatißæ, Priores, & alii Prælati .... Archipresbyteri, Decani, & Sacerdotes Curati, nobis, vel Pœnitentiariis nostris confiteantur, vel illis quos specialiter dederimus Confeßores, & inhibemus ne aliquis eos absolvat, nisi super hoc à sede Apostolicâ, vel Legatis ejusdem, vel à nobis habuerit potestatem.* Tom. 11. Concil. des PP. Labbe, & Coßart. pag. 1139.

On voit aussi dans l'acte d'établissement du Pénitencier de l'Eglise d'Amiens, fait dans le treiziéme siécle, que l'Evêque de ce Diocése, en instituant cette Dignité, excepte nommément du pouvoir de ce Pénitencier les confessions des Curés, des Barons, & des autres personnes de grande considération ; *Pœnitentiarius loco nostri Confeßiones audiet de quâcumque parte Diœcesis ad ipsum referantur, exceptis Confeßionibus Curatorum nestrorum, & Magnatum, & Baronum, quas nobis reservamus.* Tom. 12. du Spicileg. pag. 166.

Si l'Evêque, comme il est incontestable, peut ne pas permettre à un Curé d'absoudre de certains crimes, ni de confesser certaines personnes d'entre ses Paroissiens, par exemple, les Prêtres & les Ecclésiastiques de son Eglise, quoique par les obligations de son Titre il soit établi le Confesseur de sa Paroisse, à plus forte raison l'Evêque peut-il restraindre un Curé, par rapport au Sacrement de Pénitence, à ses seuls Paroissiens, d'autant plus que son Titre, qui le renferme de droit dans l'étenduë de sa Paroisse, ne lui donne aucune jurisdiction sur les Paroissiens étrangers.

Les Théologiens ne reconnoissent que deux sortes de jurisdictions pour la validité des Absolutions données dans l'administration du Sacrement de Pénitence, sçavoir la jurisdiction ordinaire, & celle qu'on appelle déléguée ; c'est aussi ce que le Concile de Trente a nettement établi, *seß. 14. cap. 7°. Quoniam igitur*, disent les Peres de ce Concile, *natura, & ratio judicii illud exposcit, ut sententia in subditos dumtaxat feratur, persuasum semper in Ecclesiâ Dei fuit, & verißimum eße Synodus hæc confirmat, nullius momenti absolutionem eam eße debere quam Sacerdos in eum profert, in quem ordinariam, aut subdelegatam non habet jurisdictionem.*

On convient que ceux qui sont pourvûs en titre des Eglises Paroissiales, reçoivent dans l'institution donnée par l'Evêque la jurisdiction ordinaire, à l'effet d'administrer valablement le Sacrement de Pénitence aux habitans compris dans l'étenduë de leurs Paroisses, laquelle

B

jurifdiction demeure néanmoins fubordonnée à l'autorité Supérieure de l'Evêque Diocéfain, qui réünit dans fa perfonne la qualité de Chef & premier Curé de toutes les Paroiffes de fon Diocéfe ; mais cette jurifdiction qui appartient aux Titulaires des Eglifes Paroiffiales rélativement à leur titre, ne les établit pas pour cela les Miniftres Généraux du Sacrement de Pénitence dans tout le Diocéfe : & comme les pouvoirs qu'ils reçoivent à cet égard, ne leur font communiqués que pour l'exercice du titre de la Cure, ces pouvoirs ont les mêmes bornes que le titre qui en eft l'objet, & ne peuvent s'étendre au-delà que par l'approbation expreffe ou tacite de l'Evêque ; en forte que les Curés titulaires font par rapport aux peuples étrangers à leurs Paroiffes, dans le même ordre que les autres Prêtres particuliers du Diocéfe, qui, hors le cas du péril évident de la mort, ne peuvent abfoudre valablement, fans avoir obtenu la jurifdiction déléguée, qui leur eft donnée par l'approbation de l'Evêque.

Seff. 23. cap. 15.
de reform.

Lorfque le Concile de Trente a décidé qu'aucun Prêtre ne peut entendre les Confeffions, s'il n'eft pourvû d'un Bénéfice Parochial, ou qu'il ne foit approuvé de l'Evêque, *nifi aut Parochiale Beneficium, aut ab Epifcopis approbationem obtineat.* Il eft bien évident que le Concile n'a point entendu attribuer aux Curés une approbation générale, qui leur donne le droit de confeffer dans tout le Diocéfe avec indépendance de l'Evêque, & fans fa permiffion expreffe ou tacite ; ce Décret du Concile, en ce qui regarde les pourvûs de Bénéfices Parochiaux, établit feulement la différence qu'il doit y avoir dans l'adminiftration du Sacrement de Pénitence, entre les Curés, & les autres Prêtres qui ne font point Titulaires de Bénéfices à charge d'ames ; les uns font approuvés de droit par leur inftitution pour abfoudre les habitans de leurs Paroiffes, & les autres ne peuvent, fans la permiffion & approbation fpéciale de l'Evêque, exercer le pouvoir de lier & de délier, qu'ils ont reçû dans leur Ordination.

Une preuve bien fenfible que l'efprit du Concile de Trente, dans le lieu qui vient d'être rapporté de la Seffion 23. n'a point été de confidérer les Curés comme des Confeffeurs généraux, approuvés pour tout le Diocéfe par le feul titre de leurs Bénéfices, c'eft ce qui fe lit dans la Seffion fuivante de ce même Concile, *cap. 13. de reformat.* où les Peres de cette fainte Affemblée exhortent les Evêques, comme chargés fpécialement du falut des ames de leurs Diocéfains, de régler les limites des Paroiffes, & déterminer à chaque Curé fon peuple particulier, auquel il puiffe feul adminiftrer licitement les Sacremens de l'Eglife : *Mandat fancta Synodus Epifcopis, pro tutiori animarum eis commiffarum falute ; ut diftincto populo in certas propriafque Parochias, unicuique fuum perpetuum, peculiaremque Parochum affignent, qui eas cognofcere valeat, & à quo folo licitè Sacramenta fufcipiant.*

Il faut donc convenir que les Curés, en vertu de leur titre, n'ont le droit d'exercer la jurifdiction qu'ils ont reçû dans leur inftitution, que fur leurs propres Paroiffiens, & qu'à l'égard des autres, ils ne peuvent adminiſtrer valablement le Sacrement de Pénitence , qu'ils n'ayent obtenu la juriſdiction déléguée ; c'eſt auſſi le ſentiment de tous les Canoniſtes & des Théologiens. On s'attachera même à n'oppoſer au ſieur Brianne que des Auteurs dont l'autorité ne peut lui être ſuſpecte. Tel eſt Van Eſpen, Profeſſeur en l'Univerſité de Louvain ; *Quia cura* *Jus Eccleſ. unio* *animarum*, dit ce Canoniſte, *non ſe extendit ultrà limites Parochiæ, aut* part. 1. tit. 6. cap. 6. *perſonarum in quas Presbyter vi ſui Beneficii curam accepit, neque autori-* num. 7. *tas excipiendi Confeſſiones in conſequentiam illius competens, ſe ulteriùs extendere poteſt.*

Fagnan, qui avoit été Sécretaire de la Congrégation formée pour l'interprétation des Décrets du Concile de Trente, établit la même doctrine, qui eſt commune à toutes les Ecoles de Théologie ; *At Pa-* *In 2. part. 3. lib.* *rochi, alienorum quidem Parochianorum Confeſſiones audire non poſſunt*, Decret. cap. Ne pro *etiam in propriâ Parochiâ, cùm in eos nullam habeant juriſdictionem.* dilatione. num. 29.

Il ſeroit bien inutile de réunir les ſuffrages d'une foule d'autres Canoniſtes & Théologiens qui ont reconnu ces mêmes régles comme inconteſtables dans la diſcipline de l'Egliſe, auſſi le ſieur Brianne eſt-il obligé de convenir dans ſa Requête au Parlement de Touloûſe, que les Curés n'exercent qu'une juriſdiction déléguée, lorſqu'ils confeſſent les Paroiſſiens des autres, mais en même tems il voudroit prétendre que les pourvûs d'Egliſes Paroiſſiales, ayant une juriſdiction ordinaire ſur les habitans de leurs Paroiſſes, ils ſont les maîtres de déléguer cette juriſdiction, quand ils le jugent à propos, & de la communiquer à leurs Confreres, ſans que l'Evêque Diocéſain puiſſe s'y oppoſer, ni que ſon approbation ſoit néceſſaire.

On ne craint point de dire qu'une telle propoſition pourroit être regardée comme une héréſie dans le gouvernement de l'Egliſe, elle tend à détruire l'autorité des Evêques, & la juriſdiction immédiate qui leur appartient, non ſeulement ſur les Curés, mais auſſi ſur les peuples des différentes Paroiſſes de leurs Diocéſes, puiſqu'il n'eſt pas permis de douter que l'Evêque n'ait dans chaque Paroiſſe de ſon Diocéſe un pouvoir ſupérieur à celui des Curés, comme l'a décidé la Faculté de Théologie dans ſa Cenſure prononcée contre le Livre de Jacques Vernant, *ſalvâ ſemper immediatâ Epiſcoporum in Prælatos minores, ſeu Curatos, & plebem ſubditam autoritate.*

Quand même les Titulaires des Egliſes Paroiſſiales exerceroient une juriſdiction ordinaire ſur leurs Paroiſſiens, c'eſt toûjours avec ſubordination à l'autorité ſupérieure de l'Evêque, qui peut dans une infinité de circonſtances gêner & reſtraindre cette juriſdiction, par exemple, en réſervant à ſa perſonne l'abſolution de certains crimes, ou permettant de recevoir la bénédiction nuptiale d'un autre Prêtre que du propre Curé des Parties, &c. & dans les cas où les Paſteurs du ſecond Ordre conſentent de déléguer leur juriſdiction, ce ne peut être que ſous l'autorité de l'Evêque, Chef & premier Paſteur de tout le Diocéſe, de maniere que l'exercice de cette juriſdiction ne peut avoir d'effet, qu'autant qu'elle eſt ſoutenuë de l'approbation expreſſe ou tacite de l'Evêque, qui en tolérant ou consentant que les Curés de son Diocèse puissent se déléguer réciproquement pour confesser les Paroissiens des uns & des autres, est le maître d'excepter de cette délégation ceux qu'il juge à propos, sans être obligé d'en dire aucunes causes, ce qui par rapport aux Curés compris dans l'exception, est la même chose que de les réduire à ne confesser que leurs Paroissiens.

Le sieur Brianne ne peut contester, même dans son système, que chaque Curé du Diocèse de Rodez est en droit de lui refuser la jurisdiction déléguée, sans être tenu d'en donner aucuns motifs, comme aussi de révoquer le consentement que ces Curés pourroient avoir donné à ce que ledit sieur Brianne pût entendre leurs Paroissiens en confession; il est bien certain qu'en pareil cas il n'y auroit ni abus ni sujet de plainte légitime de la part du sieur Brianne, quand même il seroit dans une possession immémoriale de confesser les habitans des Paroisses, dont les Curés jugeroient à propos de lui retirer leur consentement; d'où il suit que si un Curé, en consentant que ses Paroissiens puissent se confesser aux autres Curés du Diocèse, peut en excepter ceux que bon lui semble, à plus forte raison l'Evêque qui a un pouvoir supérieur à celui des Curés dans toutes les Paroisses de son Diocèse, a-t-il le droit de restraindre cette jurisdiction déléguée, & d'en refuser l'exercice à ceux qu'il juge à propos d'excepter, lorsqu'il le croit nécessaire pour le bien spirituel des ames qui lui sont confiées; *Sicut Episcopi potestatem Ordinariam arctare possunt inferiorum suorum, multò magis extraordinariam, & adventitiam*, comme l'a bien remarqué le sçavant Auteur de la Glose, *cap. super Cathedram de sepultu. Lib. 3. extravag. commun. tit. 6°.*

De-là il est impossible de ne pas convenir que toutes les autorités ramassées de la part du sieur Brianne, avec confusion, & sans discernement, pour établir que les Curés peuvent déléguer leur jurisdiction, tombent en pure perte pour ledit sieur Brianne, car on ne lui conteste pas que les Curés ne puissent user de cette faculté, qui demeure néanmoins subordonnée à l'autorité de l'Evêque; en sorte que le Supérieur ordinaire, & Chef du Diocèse, voulant bien approuver cet usage expressément ou tacitement, il peut être continué, suivant la maxime de Droit, *qui tacet, consentire videtur*; mais aussi-tôt que l'Evêque réclame, & que pour le bien de son Diocèse il juge nécessaire de réformer un tel usage, ou de le restraindre, il n'est pas permis de penser qu'un Curé, nonobstant les défenses ou restrictions prononcées par l'Evêque, puisse communiquer validement, & déléguer la jurisdiction Parochiale à ceux de ses Confreres, que l'Evêque auroit jugé convenable d'excepter de l'exercice de cette même jurisdiction déléguée, qu'il veut bien approuver ou tolérer dans les autres Curés. Ainsi la question n'est pas de sçavoir, si ceux qui sont pourvûs en titre des Eglises Paroissiales, peuvent déléguer la jurisdiction Parochiale à leurs Confreres (ce qui suppose toûjours l'approbation expresse ou tacite de l'Evêque) mais si le premier Pasteur du Diocèse, à qui la charge des ames se

9

trouve spécialement commise, peut refuser ou suspendre, à l'égard d'un Curé, la jurisdiction qui lui est nécessaire pour confesser les habitans des autres Paroisses, & si nonobstant les défenses de l'Evêque, le Curé ainsi réduit à ses Paroissiens, est en droit d'administrer le Sacrement de Pénitence à des Paroissiens étrangers, c'est à ce point que le sieur Brianne auroit dû borner ses recherches, au lieu de s'égarer dans des questions étrangeres, & on assure avec confiance qu'il ne trouvera ni Théologien ni Canoniste, dont il puisse à ce sujet invoquer le suffrage.

On voit dans les Actes de l'Eglise de Milan que Saint Charles Borromée, dans l'onziéme de ses Synodes tenus pour la réformation de la discipline Ecclésiastique de son Diocése, fit des défenses précises à tous ses Curés de confesser les Paroissiens des autres, à moins qu'ils n'en eussent reçu le pouvoir de lui, ou de son Vicaire Général, *ne quis Parochus*, dit ce grand défenseur des régles de l'Eglise, *Confessionem audiat hominum alienæ Parochiæ, nisi à nobis, Vicarioue Generali nostro, scriptam hujus rei facultatem, generatim aut sigillatim habeat*; ce saint Archevêque ajoute en même tems, que si dans les instructions par lui données pour l'administration du Sacrement de Pénitence, il a déclaré que les Curés, dans le tems de la Pâque, pouvoient se faire aider par leurs Confreres, il n'avoit entendu comprendre dans cette permission, que les Curés qui auroient obtenu le pouvoir par écrit de confesser hors les limites de leurs Paroisses, *id de Parochis tantummodò intelligi declaramus, quibus extrà Parochiæ propriæ fines ad audiendas Confessiones probatis, scripta facultas data est.*

Tom. 1. pag. 327.

Rien n'est plus formel que ces Réglemens pour confondre le sieur Brianne, & démontrer ce que les plus grands personnages de l'Eglise ont pensé sur le droit des Evêques de défendre aux Curés de confesser les Paroissiens des autres, sans l'approbation de l'Ordinaire, le sentiment des Théologiens & des Canonistes est conforme à cette doctrine, on veut même ne rappeller au sieur Brianne que ceux principalement dont il ne pourroit, sans se faire tort à lui-même, critiquer l'autorité.

Voici comme s'en explique le Pere Alexandre dans sa Théologie dogmatique & morale : *Parochialis Beneficii titulus, nullam Parochis, nisi in Parochianos suos, jurisdictionem tribuit, adeòque alios absolvere non possunt, nisi ab Episcopo fuerint ad hunc finem approbati.* Ce Théologien de l'Ordre de Saint Dominique, cite en même tems un Concile de Sens tenu en 1524. qui enjoint aux Curés d'interroger leurs Pénitens, pour sçavoir s'ils sont leurs Paroissiens, *quia*, dit ce Concile, *non debent absolvere, nec audire in Confessione, nisi suos Parochianos.*

Tom. 1. liv. 2. ch. 5 art. 10. reg. 19.

Van Espen a écrit dans les mêmes principes, & il observe que si dans quelques Provinces les Curés, qui de droit ne sont approuvés que pour leurs propres habitans, sont dans l'usage de confesser les Paroissiens les uns des autres, cette discipline ne peut être soutenuë que par le consentement & l'approbation tacite de l'Evêque: *Hæc Parochorum facultas non profluit ex ipsâ curâ pastorali, sed ex consuetudine tacito con-*

Jus Ecclef. univ. part. 2, tit. 6. cap. 6.

C

fenfu Epifcoporum probatâ. Ce Canonifte ajoute, *fi de hâc confuetudine, & tacitò Epifcoporùm confenfu alibi fit dubium, meritò Epifcopi, & Archipresbyteri de eâ confulentur, ne aliàs ipfum Sacramentum vitio nullitatis exponatur.* Il n'y a plus de prétexte pour fuppofer le confentement tacite de l'Evêque, auffi-tôt qu'il a fait connoître fes intentions contraires.

Tom. 3. *Cas* 29.

De Sainte-Beuve dans fes réfolutions de Cas de Confcience, ne condamne pas moins le procédé du fieur Brianne. *Un Curé même hors la Pâque,* dit ce Cafuifte, *ne peut abfoudre validement les Paroiffiens des autres Paroiffes, s'il n'eft approuvé particulierement pour tout le Diocèfe, ou au moins pour les Paroiffes ; & outre l'approbation, il faut qu'il ait le confentement des Curés de ces Paroiffiens.*

Part. 3. *chap.* 3. *nombre* 3.

De Héricourt dans fes Loix Eccléfiaftiques, après avoir expofé que fuivant le Décret du Concile de Trente, aucun Prêtre ne peut valablement abfoudre (hors le cas de néceffité) s'il n'eft pourvû d'un Bénéfice à charge d'ames, ou fpécialement approuvé de l'Evêque, continuë en ces termes : *Un Prêtre,* dit-il, *qui n'a le pouvoir de confeffer qu'en vertu de la jurifdiction que lui donne pour le Tribunal de la confcience le Bénéfice dont il eft titulaire, ne peut entendre en Confeffion, fuivant la rigueur des Loix Eccléfiaftiques, que ceux qui font foumis à fa jurifdiction à caufe de fon Bénéfice ; cependant,* pourfuit ce Canonifte, *c'eft un ufage établi dans plufieurs Diocèfes, que les Curés puiffent confeffer dans les Paroiffes voifines de leur Cure, quoiqu'ils n'ayent point reçû à cet effet un pouvoir particulier de l'Evêque, cet ufage fuppofe un confentement tacite des Supérieurs Eccléfiaftiques, qu'on ne peut plus préfumer, quand l'Evêque a défendu expreffément à un Curé de confeffer d'autres perfonnes que celles de fa Parroiffe.*

Il feroit facile au Suppliant d'ajouter le fuffrage d'un grand nombre d'autres Auteurs, qui ont écrit fur ces matieres, comme Pontas *verbo,* approbation, *caf.* 2°. Habert, *de pœnitentiâ, cap.* 60. la Théologie Morale de Grenoble, tom. 4. traité 6. chap. 8. nombre 11. les Conférences d'Angers fur la Pénitence, tom. 1. queft 3°. Poffevin de l'Office du Curé, chap. 7. nombre 5. & une infinité d'autres Théologiens & Canoniftes.

En l'année 1735. les ennemis de l'Epifcopat ayant fait imprimer furtivement, & diftribuer un libelle également injurieux à l'Eglife & à l'autorité des Evêques, la Faculté de Théologie de Paris en fit la Cenfure, & condamna une multitude de propofitions fauffes & fcandaleufes qui étoient contenuës dans cet écrit ; voici entr'autres dans le nombre des Propofitions condamnées, celles qui renferment expreffément la doctrine que le fieur Brianne n'a point fait difficulté d'avancer dans fa Requête au Parlement de Touloufe.

Propof. 42. *Un Evêque ne peut empêcher les Curés de confeffer les Paroiffiens des autres, quand c'eft l'ufage du Diocèfe, quand c'eft dans leurs Eglifes qu'ils les confeffent, & ailleurs avec le confentement des Curés de ceux qu'ils confeffent.*

Propof. 43. Aucun droit n'autorise l'Evêque à défendre à un Curé de confeſſer les Paroiſſiens des autres, quand les Curés y conſentent, & que c'eſt la pratique générale du Dioceſe.

Propof. 44. L'Evêque peut défendre à un Curé de confeſſer les Paroiſſiens des autres ſans la permiſſion de leur Curé ; mais il ne le peut pas, s'il les con-feſſé avec la permiſſion de leur Curé .

Par la cenſure de ces trois Propoſitions, il a été nettement décidé, que l'Evêque a non ſeulement le droit d'empêcher un Curé de ſon Dio-cêſe de confeſſer d'autres que ſes Paroiſſiens, mais qu'il eſt encore de ſon autorité de prononcer ces défenſes, ſoit en général, ſoit par rap-port à des Curés particuliers, quand même il y auroit un uſage con-traire, qui ne pourroit être fondé que ſur le conſentement exprès ou tacite du premier Paſteur, & Chef du Dioceſe.

Telle eſt la pratique conſtante de l'Egliſe de France, & en particu-lier du Dioceſe de Rodez ; le ſieur de Tourouvre prédéceſſeur immé-diat du Suppliant, a même uſé ſouvent de ce pouvoir attaché à l'auto-rité des premiers Paſteurs, il ſeroit facile d'en rapporter la preuve, ſi le fait étoit conteſté ; Pluſieurs Evêques ont exercé, & exercent encore ce même droit dans le gouvernement ſpirituel de leurs Dioceſes ; Les uns ont fait publier des Mandemens généraux pour défendre à leurs Curés de Confeſſer les perſonnes qui n'étoient point de leurs Paroiſſes, d'autres ſe ſont contentés de défenſes particulieres à certains Curés ; ces Ordonnances des Evêques, générales ou ſpéciales, ont été executées avec ſoumiſſion, tous ces Curés ont obéi, le ſieur Brianne eſt le ſeul qui ſe ſoit révolté, & qui ait eu la témérité de publier ſa révolte, en adoptant même pour ſa défenſe, des propoſitions condamnables & ſi juſtement cenſurées par la Faculté de Théologie de Paris, comme con-traires & oppoſées aux regles de l'Egliſe.

M. l'Archevêque de Reims a fait pu-blier à ce ſujet dans ſon Dioceſe, une Or-donnance générale en datte du 7. Février 1750.

Les Ordonnances du Royaume reconnoiſſent également cette auto-rité des Evêques ; il eſt porté dans l'Article XI. de l'Edit du mois d'Avril 1695. concernant la juriſdiction Eccleſiaſtique (que les Prêtres Séculiers & Réguliers ne pourront adminiſtrer le Sacrement de Péni-tence, ſans en avoir obtenu permiſſion des Archevêques, ou Evêques, qui la pourront limiter pour les lieux, les perſonnes, le tems, & les cas, ainſi qu'ils jugeront à propos, & la révoquer, ſans être obligés d'en expliquer les cauſes) Il eſt dit par l'Article XII. que dans cette diſpoſition ne ſont compris les Curés, tant Séculiers que Réguliers, qui pourront adminiſtrer le Sacrement de Pénitence dans leurs Pa-roiſſes, *ſans aucune permiſſion plus ſpeciale.*

Cette Ordonnance a ſuivi exactement la diſtinction établie par les Conſtitutions Canoniques, entre les ſimples Prêtres, & ceux qui ſont pourvûs de Bénéfices à charge d'ames ; & ſi l'Article XII. de cet Edit, confirme le pouvoir, qu'on ne conteſte pas aux Curés, d'adminiſtrer dans leurs Paroiſſes le Sacrement de Pénitence, ſans une approbation plus ſpeciale que celle qu'ils ont reçûë par leur inſtitution dans le titre du Bénéfice, il eſt bien ſenſible que ces termes (*dans leurs Paroiſſes*)

dont se sert l'Edit de 1695. ne peuvent être expliqués que des personnes soumises à la jurisdiction des Curés, comme habitans & do-
miciliés dans l'étenduë de leurs Paroisses; de manière qu'à l'égard des
Paroissiens étrangers, sur lesquels les Curés n'ont, en vertu de leur
titre, ni jurisdiction, ni approbation, ils rentrent de droit dans le Réglement confirmé par l'Article XI. de l'Edit: & quoique pourvûs de
Bénéfices à charge d'ames, ils ne peuvent dans ce cas, de même que
les simples Prêtres, absoudre validement sans l'approbation spéciale,
ou du moins tacite des Evêques.

C'est donc sans fondement que le sieur Brianne, abusant de l'Article XII. de l'Edit de 1695. voudroit supposer qu'il auroit été reconnu
dans cette Loi, que les Curés par une suite de leur Bénéfice Parochial,
peuvent indépendamment de l'autorité de l'Evêque diocésain, confesser non-seulement leurs Paroissiens, mais même les habitans des
autres Paroisses; une preuve bien éclatante de l'abus condamnable que
fait le sieur Brianne de la disposition d'une Ordonnance, dont le prin-
cipal objet a été de maintenir, & la subordination dûë aux Evêques,
& leur autorité, c'est que l'Article XII. dont il s'agit, en reconnoissant
le pouvoir des Curés d'administrer, en vertu de leur institution, le Sacrement de Pénitence dans leurs Paroisses, ajoute: (*sans aucune permission plus speciale*) le sieur Brianne est néanmoins convenu, qu'étant
question, par rapport aux Paroissiens étrangers, d'exercer la jurisdiction subdeleguée, le consentement ou la permission des Curés de ces
Paroissiens est nécessaire. Ainsi comme l'Article XII. de l'Edit de 1695.
en parlant du pouvoir des Curés de confesser dans leurs Paroisses, ex-
clut toute autre permission que celle qui leur est communiquée par
le titre de leur Bénéfice, *sans aucune permission plus speciale*: il s'ensuit
évidemment que cet Article ne peut jamais être entendu que du pouvoir des Curés dans l'administration du Sacrement de Pénitence à
leurs propres Paroissiens, & que les termes dans lesquels il est conçû,
établissent au contraire, que ceux qui sont pourvûs en titre des Eglises
Paroissiales, ne peuvent confesser ni absoudre valablement les Paroissiens des autres, sans l'approbation expresse ou tacite de l'Evêque.

Si la prétention du sieur Brianne étoit écoutée, de manière que la
seule approbation des Curés fût suffisante pour administrer validement le Sacrement de Pénitence aux Paroissiens étrangers, quelles
suites funestes dans l'ordre & la discipline de l'Eglise? Les Curés seroient en quelque manière approbateurs des Confesseurs du Diocèse,
& deviendroient les Juges de la capacité de leurs Confreres dans l'administration du Sacrement de Pénitence: personne n'ignore qu'il faut
faire une grande différence entre un Curé de Ville, & un Curé de la
campagne; tel a été admis par l'Evêque pour être pourvû d'une Cure
de campagne, qui auroit été jugé insuffisant, si le Bénéfice avoit été
situé dans une Ville, & l'on sçait que la science doit être dans un degré
plus éminent dans l'un que dans l'autre, aussi les Loix du Royaume
exigent-elles que les Curés des Villes soient constitués dans les degrés;

cependant

cependant le Curé de campagne, ainsi que celui de la Ville, *habet Parochiale Beneficium*, & par conséquent par le titre de son Bénéfice il aura le même droit que le sieur Brianne voudroit attribuer à tous Curés; il sera également le Confesseur général de tout le Diocèse avec le seul consentement de ses Confreres; il pourra même entendre en confession les habitans des Villes, pour lesquels son Evêque l'auroit jugé incapable, si le Bénéfice Parochial dont il est Titulaire avoit été dans une Ville.

L'administration des autres Sacremens de l'Eglise peut demander moins de précaution que celui de la Pénitence: il suffit pour les autres de suivre exactement la forme de leur administration prescrite par les Rituels de chaque Diocèse, mais à l'égard du Sacrement de la Pénitence, comme tout y est secret, l'incapacité du Ministre est plus difficile à connoître, c'est pourquoi l'étenduë des Pouvoirs, en ce qui regarde la conduite des ames, doit être mesurée par le jugement de l'Evêque suivant la qualité des personnes & la capacité de ceux à qui la direction en est confiée: de là vient que les Moniales sont toujours exceptées des approbations des Confesseurs, si ces Actes n'en contiennent une mention précise.

Mais pour se convaincre encore davantage du droit des Evêques de pouvoir réduire les Curés de leurs Diocèses à n'administrer le Sacrement de Pénitence qu'à leurs Paroissiens, il suffiroit de remarquer, que selon la discipline suivie dans la Jurisprudence sur la maniere de pourvoir aux Curés, on laisse rarement aux Evêques le choix des personnes qui doivent être leurs Coadjuteurs & Cooperateurs dans la charge des ames; un grand nombre de Cures sont à la nomination de Patrons Ecclesiastiques ou Laïcs; elles sont le plus souvent impetrées en Cour de Rome par prévention, résignées en faveur, ou permutées; enfin les Gradués, ou autres Expectans, peuvent les requerir; & comme dans tous ces cas il se juge que le droit des prétendans aux Bénéfices-Cures, forme à l'égard de l'Evêque des collations forcées, c'est une suite que la plus grande partie de ceux qui sont pourvûs des Eglises Paroissiales, n'y étant point appellés par le choix libre de l'Evêque, les régles & le bien de l'Eglise ne permettent pas que ces Titulaires puissent, indépendamment des Evêques, exercer des Pouvoirs généraux dans les Diocèses, & au-delà des bornes de leurs Titres.

On sçait que souvent un Evêque refuseroit inutilement les Provisions qui lui sont demandées, ou le *visa* requis sur les impetrations & expeditions de Cour de Rome: celui qui prétend droit à un Bénéfice Parochial, quoiqu'il n'ait pas toujours le mérite nécessaire pour le gouvernement des ames, ne manque point de trouver des facilités pour s'y introduire contre la résistance de son Superieur; l'esprit d'indépendance fait même inventer tant de moyens différens de rendre inutiles les précautions les plus sages des Evêques, qu'ils ne peuvent assurer le bon ordre de leur Eglise que sur ce qui dépend entierement de leur autorité.

D

Il convient d'ajouter que fi les Curés, par le titre de leur Bénéfice, & avec le feul confentement de leurs Confreres, pouvoient fe regarder comme Confeffeurs généraux dans le Diocèfe, & indépendans en cette partie de l'autorité des premiers Pafteurs, les Evêques auroient un fondement légitime de refufer l'érection des nouvelles Cures, puifque ce feroit augmenter le nombre de ceux qui prétendroient exercer le pouvoir général d'abfoudre dans tout le Diocèfe, fans le confentement exprès ou tacite de l'Evêque; enforte que la prétention du fieur Brianne conduiroit plutôt à la fuppreffion des Cures, qu'à leur augmentation, ce qui fait bien fentir les conféquences dangereufes de fon fyftême, auffi préjudiciable à l'Eglife & à la Religion, qu'oppofé à l'autorité légitime des Evêques.

Après ce qui vient d'être obfervé, le Suppliant pourroit fe difpenfer de répondre aux différens moyens d'abus hazardés par le fieur Brianne dans fa Requête au Parlement de Touloufe, d'autant que par les régles & les principes qui ont été établis fur le droit des Evêques de pouvoir réduire les Curés de leurs Diocèfes, à n'adminiftrer le Sacrement de Pénitence qu'à leurs propres Paroiffiens, ces prétendus moyens d'abus fe trouvent déja réfutés & anéantis: on veut bien néanmoins les parcourir le plus fommairement qu'il fera poffible; le fieur Brianne les a fixés au nombre de huit, ils font, on peut le dire, plus miférables les uns que les autres.

Le premier, dit-il, eft fondé fur ce que l'Ordonnance du Suppliant du 23. Octobre 1737. renferme une contravention au Canon 21. du Concile Général de Latran, tenu en 1215. & au Concile de Trente, *Seff. 23. Cap. 15.* qui, felon le fieur Brianne, maintiennent les Curés dans le droit de fe communiquer mutuellement leur jurifdiction pour confeffer les Paroiffiens les uns des autres.

Ce n'eft point ici le lieu d'examiner fi le Canon *Omnis utriufque fexûs* du Concile de Latran, eft encore en vigueur dans toutes les Eglifes de France, mais il faut diftinguer dans ce Decret deux parties: la premiere, prefcrit l'obligation à tout fidele de l'un & de l'autre fexe de fe confeffer à fon *propre Prêtre*, au moins une fois l'année: il eft dit dans la feconde, que fi quelqu'un, pour de juftes caufes, vouloit fe confeffer à un autre, *alieno Sacerdoti*, il doit préalablement demander & obtenir la permiffion de fon propre Prêtre, *licentiam priùs poftulet & obtineat à proprio Sacerdote, cùm aliter ille ipfum non poffit folvere, aut ligare.*

Quelle eft donc la contravention commife contre ce Decret par l'Ordonnance du Suppliant, qui a réduit le fieur Brianne, pour l'adminiftration du Sacrement de Pénitence, à fes feuls Paroiffiens? Le Suppliant n'a point difpenfé les Paroiffiens du fieur Brianne de fe confeffer à lui au moins une fois l'an; & s'ils vouloient, avec jufte caufe, faire leur confeffion annuelle à un autre Prêtre, il ne les a pas difpenfés de lui en demander auparavant, & d'en obtenir de lui la permiffion: cette Ordonnance ne défend pas non plus à l'Appellant comme d'abus, de consentir que les habitans de la Paroisse puissent se confesser à d'autres Curés, ou simples Prêtres approuvés de l'Evêque: le Suppliant n'a donc point contrevenu au Decret du Concile de Latran par les défenses qu'il a faites au sieur Curé de Notre-Dame de Rodés, de confesser les Paroissiens des autres; & ce Decret ne reçoit aucune atteinte de ce que le sieur Brianne se trouve excepté du nombre des Curés du Diocèse, ausquels le Suppliant veut bien le permettre.

Par rapport à la citation du Chap. 15. de la Session 23. du Concile de Trente, le Suppliant a fait voir quel étoit l'égarement du sieur Brianne, dans l'interprétation qu'il voudroit donner au Decret de ce Concile, contre l'esprit de cette Sainte Assemblée, & contre le sentiment de tous les Docteurs: Il en est de même des Autorités par lui empruntées du Rituel Romain, de Fagnan, & de quelques autres Canonistes. Ces Textes, ainsi qu'il est facile de les vérifier, prouvent tout au plus que les Curés ne doivent confesser les Paroissiens des autres qu'avec le consentement des Curés desdits Paroissiens, ce qui par conséquent devient étranger à l'Ordonnance dont il s'agit, puisque le Suppliant n'a permis par icelle à aucun Curé, ou autre Prêtre, d'administrer les Sacremens dans la Paroisse du sieur Brianne, ni de confesser ses habitans sans son consentement. Il n'est pas néanmoins douteux que les Evêques n'ayent l'autorité de permettre à des Prêtres, de confesser dans les Paroisses sans le consentement des Curés, & même *invito Parocho*, ce qui a été autentiquement reconnu par le Parlement de Paris dans son Arrêt du 14. Juillet 1700. contre le Curé de Saint Roch de la même Ville, sur l'appel comme d'abus qu'il avoit interjetté des Ordonnances de M. le Cardinal de Noailles des 24. Octobre & 9. Novembre 1699. portant permission aux sieurs Noüet Prêtres, de confesser dans ladite Paroisse, y célebrer la Messe, & faire toutes les fonctions Sacerdotales, *etiam sine consensu Pastoris ipsius Ecclesiæ*.

Nouv. Mém. du du Clergé, tom. 3. p. 1173.

Le second moyen d'abus proposé par le sieur Brianne, n'est qu'une répetition du premier; il le tire de la prétenduë contravention, qu'il suppose avoir été faite par le Suppliant aux Réglemens de l'Eglise Gallicane, & à ses Libertés, sur l'execution du vingt-unième Canon du Concile de Latran. Il cite à ce sujet le Commentaire du sieur Hallier sur le Réglement dressé contre les entreprises des Réguliers dans l'Assemblée de 1625. Article 5. mais comme il est justifié que l'Ordonnance qui réduit le sieur Brianne à n'administrer le Sacrement de Pénitence qu'à ses Paroissiens, loin de donner atteinte au Decret du Concile de Latran, est conforme aux Constitutions Canoniques, aux Loix & Usages de l'Eglise Gallicane, il s'ensuit que le Suppliant n'a point contrevenu aux Réglemens de cette même Eglise, ni à ses Libertés.

On peut assurer d'ailleurs, que le Commentaire du sieur Hallier, dans le lieu cité par l'Appellant comme d'abus, confirme la régularité de l'Ordonnance du Suppliant; car suivant la doctrine de ce sçavant Commentateur, approuvée par le Clergé de France, *ex lege Hierarchiæ subordinationis, quod Parocho conceditur, illis qui superiorem ha-*

Nouv. Mém. du Clergé, tom. 6. pag. 1281.

bent poteſtatem , conſequenter permiſſum intelligitur. Ainſi l'Evêque peut accorder ou refuſer à ſes Diocéſains, la permiſſion de ſe confeſſer à un Curé qui n'eſt pas leur propre Prêtre, comme le propre Curé peut l'accorder ou la refuſer à ſes Paroiſſiens; ce qui renferme cette conſéquence bien évidente, que l'Evêque peut réduire un Curé à ſes ſeuls Paroiſſiens pour l'adminiſtration du Sacrement de Pénitence; auſſi l'Evêque ayant dans chaque Paroiſſe de ſon Diocéſe une autorité bien ſuperieure à celle des Curés, on n'a jamais douté que, ſi un Curé re-fuſoit à quelqu'un de ſes Paroiſſiens la liberté de faire ſa confeſſion annuelle à un autre Prêtre approuvé dans le Diocéſe, l'Evêque ne ſoit le maître d'accorder cette permiſſion; tel eſt l'uſage que l'on voit pra-tiquer tous les jours par les Evêques, comme une ſuite de l'autorité qui leur appartient en qualité de premiers Paſteurs.

Le troiſiéme moyen d'abus imaginé par le ſieur Brianne, n'eſt pas plus ſolide que les deux autres; il ſuppoſe que le Suppliant par ſon Or-donnance du 23. Octobre 1737. a contrevenu aux anciens & nouveaux Statuts du Diocéſe de Rodés, mais il ne faut que jetter les yeux ſur les differens Rituels, Ordonnances Synodales, & autres Reglemens énon-cés par le ſieur Brianne, pour être convaincu de la hardieſſe de ſon im-putation; tous les Manuels, Statuts Synodaux, & inſtructions employées dans la Requête de cet Appellant, ne contiennent que des défenſes de confeſſer les Paroiſſiens des autres, & de leur adminiſtrer les Sacre-mens de l'Egliſe, ſans le conſentement de leur Curé, ou de l'Evêque. C'eſt uniquement ce qui réſulte des Reglemens publiés par les ſieurs d'Armagnac, Abelly, de Paulmy, Luſignen, & de Tourouvre, Evêques prédeceſſeurs du Suppliant, de même que du Mandement donné en 1716. par les Vicaires Généraux du Chapitre, le Siège vacant.

Comment donc, le ſieur Brianne a-t-il la témerité d'avancer, que ſon Evêque, en le réduiſant à ſes Paroiſſiens pour l'adminiſtration du Sa-crement de Pénitence, a détruit les anciens & nouveaux Statuts du Diocéſe? On a déja dit pluſieurs fois, & on le répete, que cette Ordon-nance, qui le prive ſeulement de la Juriſdiction néceſſaire pour confeſ-ſer les Paroiſſiens des autres, ne donne permiſſion à qui que ce ſoit, de confeſſer, & adminiſtrer les habitans de ſa Paroiſſe ſans ſon conſente-ment; & cette ordonnance, conforme aux regles & à l'uſage du Diocéſe, ne lui ôte point le droit que peut avoir un Curé, d'accorder en certains cas, ou de refuſer ce conſentement à ceux de ſes Paroiſſiens qui vou-droient ſe confeſſer ailleurs.

Pourroit-on même penſer que les Statuts qui ſont formés par les Evêques pour maintenir ſous leur autorité la Diſcipline Eccléſiaſtique dans leurs Diocéſes, iroient à l'anéantiſſement de cette même autorité? Auſſi ceux du Diocéſe de Rodès, bien loin d'affoiblir le pouvoir qui appartient au premier Paſteur de réduire un Curé, pour l'adminiſtration du Sacrement de Pénitence, à ſes ſeuls Paroiſſiens, confirment ce droit des Evêques.

Les Ordonnances publiées au Synode de l'année 1698. tenu ſous le
ſieur

sieur de Lusignen, imprimées la même année par son ordre, & renouvellées par le sieur de Tourouvre son successeur, qui en fit faire une seconde impression en 1726. s'expliquent ainsi dans le Titre du Sacrement de Pénitence, nomb. 1er. *Nous défendons, sous peine d'excommunication, aux Prêtres approuvez pour une Paroisse, d'entendre les confessions dans une autre ; Nous permettons pourtant aux Curés & aux Vicaires de les entendre dans les Paroisses contiguës à la leur, quand ils en seront priés par les Curés desdites Paroisses.*

Il ne se peut rien de plus précis que ce reglement, pour confondre toutes les Suppositions du sieur Brianne, il prouve, & le droit des Evêques, & l'usage constant du Diocèse de Rodès. Ce Statut Synodal défend d'abord aux Prêtres approuvés pour une Paroisse, d'entendre les confessions dans une autre, il ajoute ensuite, *Nous permettons pourtant aux Curés &c.* D'où il faut conclure, 1°. que par ce reglement, il est déterminé que les Curés ne sont approuvez que pour leurs Paroisses, & qu'ils ne peuvent confesser dans les autres, que par la permission de l'Evêque, quand même ils auroient le consentement des Curés desdites Paroisses: c'est ce qui suit évidemment de cette disposition, (*Nous permettons pourtant aux Curés, &c.*) qui n'est qu'une dérogation à la loy que le Supérieur Ecclésiastique venoit de prononcer, portant défenses aux Prêtres approuvés pour une Paroisse, d'entendre les confessions dans une autre. 2°. Cette permission, que les Evêques prédecesseurs du Suppliant, ont bien voulu donner aux Curés, au-delà de leur titre, n'est pas même générale, elle est restrainte & limitée aux seules Paroisses contiguës à la leur; & comme les Evêques de Rodès, qui ont formé ou renouvellé ce Statut, pouvoient ne point accorder aux Curés du Diocèse cette permission, par rapport aux Paroisses même contiguës à leurs Eglises, c'est une démonstration la plus complette, qu'ils avoient l'autorité de les réduire à n'administrer le Sacrement de Pénitence qu'à leurs seuls habitans, comme n'étant approuvés que pour leurs Paroisses; aussi les Evêques de Rodès ont toujours usé de ce pouvoir dans tout●les circonstances où ils ont jugé ces restrictions nécessaires au bien de leur Diocèse.

Envain le sieur Brianne insinué contre la vérité, que dans l'assemblée Synodale où fut publié ce reglement, il y eut une opposition de la part des Curés, sur ce qu'ils se prétendoient en droit & possession d'administrer le Sacrement de Pénitence dans toute l'étenduë du Diocèse avec le consentement des Curés des lieux. Le Suppliant seroit en état de justifier par le témoignage des Curés qui étoient presens, & qui vivent encore, qu'il n'y a pas eu la moindre opposition à cet Article, ni à aucun autre des Ordonnances Synodales du Diocèse; mais le Suppliant produit de plus un extrait de la conclusion de ce Synode tenu le 23 Septembre 1698. On y voit que la lecture des reglemens dont il s'agit, fut faite en pleine Assemblée par le Promoteur, & qu'après diverses questions proposées par plusieurs Bénéficiers, lesquelles furent expliquées sur le champ & décidées par le sieur Evêque, il fut ordonné qu'ils

E

feroient regiftrés en l'Officialité du Diocèfe,& executés felon leur forme & teneur ; il n'y eft pas dit un feul mot de la contradiction fuppofée par le fieur Brianne, les chofes fe pafferent tranquillement, & avec la foumiffion dûë à l'autorité légitime de l'Evêque.

Le quatriéme Moyen d'abus n'eft pas moins méprifable; en effet, comment le fieur Brianne ofe-t-il dire que l'Ordonnance qu'il attaque contrevient à l'ancienne coutume du Diocèfe, tandis que le Suppliant n'a fait qu'ufer d'un droit conforme à la loy diocèfaine, pratiqué par fes prédeceffeurs, & dont il avoit l'autorité de faire ufage, comme attaché à fa jurifdiction, quand même les Evêques qui l'ont précedé ne fe feroient point trouvés dans les circonftances de l'exercer?

Mais on a fait obferver que le fieur de Tourouvre dernier Evêque de Rodès, prédeceffeur immédiat du Suppliant, avoit fouvent réduit des Curés pour le Sacrement de Pénitence à leurs feuls Paroiffiens, le fieur Brianne a même été forcé d'en convenir, ce qui difpenfe de rapporter les preuves de cet ufage, fur lequel on obfervera néanmoins que le fieur de Mezars Curé de faint Pierre de Nacelles au Diocèfe de Rodès, fut réduit verbalement par ledit fieur de Tourouvre, à ne confeffer que fes Paroiffiens ; ce Curé n'y ayant pas déferé, le même Evêque rendit une Ordonnance en cours de vifite, le 30 May 1731. dont voici les termes: *avons en outre renouvellé les défenfes ci-devant par nous faites au fieur Mazars, de confeffer autres que fes Paroiffiens, & l'avons condamné à deux mois de Séminaire, tant pour fa defobeïffance à la fufdite Ordonnance, que pour autres raifons à nous connuës.* Le Curé de Pachires, celui de faint Afrique, deux Curés du diftrict du Mur de Barres, & plufieurs autres du même Diocèfe ont été pareillement réduits à leurs Paroiffiens par le fieur de Tourouvre, ce qui juftifie le dernier état de cette difcipline dans l'Eglife de Rodès; ainfi rien n'a été plus mal inventé par le fieur Brianne, que la prétenduë contravention à la Coutume du Diocèfe, dont il voudroit accufer l'Ordonnance du Suppliant.

Au furplus, cet Appellant comme d'abus auroit pû s'épargner la recherche des autorités qu'il a ramaffées pour établir que les Coutumes des Eglifes doivent être confervées; ce n'eft point ici le cas de faire valoir ces maximes qu'on ne peut jamais appliquer à des ufages ou coutumes qui n'ont lieu & ne peuvent fubfifter, qu'en fuppofant toujours l'approbation expreffe ou tacite de l'Evêque: c'eft pourquoi, par rapport à des ufages de cette efpece, leur durée, fi longue qu'elle puiffe être, n'établit point le droit d'en exiger la continuation, parce que le confentement exprès ou préfumé du Supérieur Eccléfiaftique, en demeure perpétuellement le principe & le fondement, tant que l'Evêque juge à propos de les tolérer: en un mot, il n'y a point d'ufages qui puiffent affoiblir l'autorité Epifcopale, ni la jurifdiction qui appartient à l'Evêque de droit divin, dans le gouvernement des ames de fon Diocèfe, autrement il faudroit dire avec le Pape Innocent III. *cap. cum venerabilis, ext. de confuetud. non tam confuetudo, quàm corruptela meritò cenfenda eft, quæ facris eft canonibus inimica.*

Le Suppliant feroit même en état de prouver que l'ufage de fon Diocèfe n'eft pas tel à cet égard, que le fieur Brianne voudroit le fuppofer, ce qui pourroit être facilement établi par le témoignage de ceux qui ont eû part au gouvernement du Diocèfe, après la mort des deux derniers Evêques. Auffi plufieurs Curés ont-ils demandé au Suppliant la permiffion de confeffer les habitans des Paroiffes qui n'étoient pas contiguës à la leur; d'autres ont reconnu par leurs lettres, que cette permiffion fpéciale étoit neceffaire, & que l'Evêque avoit le pouvoir de les réduire à n'adminiftrer le Sacrement de Pénitence qu'à leurs Paroiffiens; il étoit donc refervé au fieur Brianne, de vouloir introduire une nouvelle difcipline, aux dépens des loix les plus inviolables de l'Eglife & de l'Etat.

Mais ce qui doit furprendre, c'eft la hardieffe fans exemple que le fieur Brianne fait éclater dans fon cinquiéme Moyen d'abus, où il impute au Suppliant d'avoir attenté à l'autorité de VOTRE MAJESTE', en le privant de la jurifdiction déléguée, fans laquelle il ne peut confeffer les Paroiffiens des autres; c'eft, dit-il, avoir connu du poffeffoire, en le dépouillant de la poffeffion immémoriale où font les Curés du Diocèfe de fe commettre mutuellement leur jurifdiction; il ajoute, que c'eft un attentat d'autant plus marqué, que dans le Synode tenu le 15 May 1737. les Curés s'étoient oppofés à femblables reftrictions, fur le fondement du droit commun, & de la poffeffion dans laquelle ils s'étoient maintenus, d'entendre les confeffions des Paroiffiens des uns & des autres fans une approbation fpéciale de l'Evêque.

On ne craint pas d'affurer, que c'eft porter les chofes jufqu'à l'excès que de propofer un femblable moyen d'abus, & c'eft la premiere fois qu'en matieres toutes fpirituelles, comme font les confeffions & abfolutions des Pénitens, on a vû un Curé avancer que le poffeffoire pouvoit être de quelque avantage : qui pourroit croire que des nouveautés auffi pernicieufes à la Religion & à la difcipline de l'Eglife, fe trouvent néanmoins foutenuës par un Curé qui prend la qualité de Docteur en Théologie? Il n'y a pas un Prêtre féculier ou régulier, dont les Evêques jugeroient à propos de révoquer l'approbation de confeffer ou de prêcher, après vingt, trente, ou quarante années d'exercice de ce miniftere, qui ne pût dire, comme fait le fieur Brianne, que c'eft un attentat fur la poffeffion où il eft d'entendre les confeffions, d'abfoudre les pécheurs, & d'annoncer la parole de Dieu dans le Diocèfe.

Il en feroit de même par rapport au droit qui appartient aux Evêques de déterminer certains crimes dont l'abfolution foit refervée à leur perfonne, & d'en ajoûter de nouveaux à ceux dont la réferve auroit été faite par leurs prédeceffeurs. Si le Suppliant jugeoit néceffaire d'ufer de ce droit dans le gouvernemenr de fon Eglife, on lui diroit également, fuivant la nouvelle Théologie du fieur Brianne, que c'eft un attentat fur l'autorité de VOTRE MAJESTE', qu'il a connu du poffeffoire, en dépouillant les Curés du Diocèfe de la poffeffion où ils étoient d'abſoudre de ces crimes nouvellement réſervez par l'Evêque, on voit juſqu'où portent les égaremens ſoutenus par l'Appellant comme d'abus, c'eſt plus qu'il n'en faut pour faire ſentir la condamnation que mérite une doctrine auſſi téméraire.

Que le ſieur Brianne ouvre donc les yeux ſur ſes erreurs, & qu'il reconnoiſſe que nulle poſſeſſion ne peut attribuer l'exercice du ſaint miniſtere contre la volonté de l'Evêque qui en eſt le diſpenſateur pour le ſalut des ames qui lui ſont confiées? Les Loix civiles rejettent même l'action poſſeſſoire lorſqu'il s'agit des choſes ſaintes, comme n'étant point ſuſceptibles de la poſſeſſion, *locum enim ſacrum aut religioſum non poſſumus poſſidere, & ſi contemnamus religionem*, dit le Juriſconſulte Paul, *Leg. qui univerſas. ff. de acquirendâ vel amittendâ poſſeſſione*; Le Suppliant pourroit ajouter l'obſervation qui fut faite par le ſieur Talon Avocat Général de VOTRE MAJESTE' au Parlement de Paris, portant la parole en cette qualité le 28. Juin 1697. »La juriſdiction, dit-il, qui

Journal des Audiences, Tom. 3. p. 137.

»appartient à l'Evêque de droit divin, étant attachée à ſon caractere »eſt impreſcriptible, & ne ſe peut acquérir par ceux qui ne ſont »point élevés au rang & à la dignité Epiſcopale, ni par aucune poſ- »ſeſſion immémoriale, ni par aucune coutume, ſi ancienne qu'elle »puiſſe être . . . . l'autorité paſtorale, que Dieu par ſa parole, & »l'Egliſe par ſes canons, a confiée aux Evêques, ne ſe peut perdre par »le tems, ni par les entrepriſes des poſſeſſeurs.

Au reſte, il n'eſt pas vray, comme le ſuppoſe le ſieur Brianne, que dans le Synode tenu par le Suppliant le 15. May 1737. il y ait eu quelque oppoſition de la part des Curés du Dioceſe au ſujet du droit qui appartient à l'Evêque, de pouvoir défendre à un Curé de confeſſer les Paroiſſiens des autres ſans ſa permiſſion; c'eſt ce qui ſeroit atteſté, s'il étoit beſoin, par tous ceux qui ont aſſiſté à cette aſſemblée Synodale, dans laquelle ce point de droit ne fut pas même propoſé; il eſt au ſurplus bien ſenſible que de telles oppoſitions, ſi aucunes avoient été formées, ſeroient de nul effet pour donner la moindre atteinte à un droit ſi eſſentiellement attaché à la juriſdiction & autorité des Evêques.

On ne dit pas néanmoins que le ſieur Brianne n'ait mis tout en uſage pour exciter ſes Confreres à la révolte : auſſi cet Appellant comme d'abus n'a rien oublié pour ſoulever les Curés du Dioceſe contre leur Evêque, il a tenu à cet effet differentes aſſemblées précedemment au Synode du 15 May 1737. & il eſt notoire qu'il arrêtoit, ou faiſoit arrêter par ſes émiſſaires les Curés dans les rües de la ville Epiſcopale, pour les engager dans ſon parti, le Syndicat fut même offert à l'un d'entr'eux pour agir au nom des autres dans les troubles qu'il s'étoit propoſé de ſuſciter en plein Synode; mais heureuſement il échoüa dans ſes tentatives, & l'aſſemblée fut conduite juſqu'à ſa fin avec paix & ſoumiſſion.

A l'égard du ſixiéme Moyen propoſé par le ſieur Brianne, le Suppliant l'a déja réfuté dans les obſervations précedentes; il a fait voir

que

que si l'augufte bifayeul de VOTRE MAJESTE', par l'Article XII. de l'E-
dit du mois d'Avril 1695. a déclaré que les Curés tant féculiers que
réguliers, pourroient prêcher & adminiftrer le Sacrement de Pénitence dans leurs Paroiffes, *fans aucune permiffion plus fpéciale*, ces termes (*dans leurs Paroiffes*) ne fignifioient, dans l'efprit de cette Ordonnance, que le droit des Curés de confeffer leurs Paroiffiens, fans autre permiffion & approbation plus fpéciale, que celle qui leur eft ac-
cordée par l'inftitution dans le titre de la Cure.

On ne peut difconvenir que quelqu'étenduë que foit la puiffance
des Souverains, comme protecteurs de l'Eglife & de fes Décrets, ils
n'ont pas l'autorité de donner à un Prêtre la jurifdiction qui lui eft
néceffaire pour adminiftrer validement le Sacrement de Pénitence, &
fi l'Article XII. de l'Edit de 1695. étoit fufceptible de la fauffe interprétation que voudroit lui donner le fieur Brianne, il s'enfuivroit que
celui qui eft Titulaire d'une Eglife Paroiffiale, feroit autorifé par ce
Réglement, à confeffer, non feulement tous les Habitans du Diocèfe
où feroit fitué fon Bénéfice Parochial, mais encore les peuples de tous
les autres Diocèfes, pourvû qu'ils vinffent dépofer leurs Confeffions
dans fon Eglife; en forte qu'un Curé, qui par fon titre n'eft approuvé
que pour la Paroiffe, & n'a de jurifdiction que fur fes Paroiffiens,
feroit cependant le Confeffeur général de tout le monde chrétien, indépendamment de l'autorité des Evêques Diocéfains, & même contre leurs défenfes. Le fieur Brianne n'a ofé porter fes prétentions jufqu'à ces extrémités, qui conduiroient à l'annéantiffement de la difcipline Eccléfiaftique & de la hierarchie, c'eft néanmoins ce qui réfulte-
roit de l'Article XII. de l'Edit de 1695. s'il étoit permis de l'expliquer
conformément aux idées de cet Appellant: mais tout s'oppofe à l'abus
qu'il entreprend de faire de cette fage Ordonnance, formée fur les
repréfentations des Evêques & du Clergé, on peut même dire que l'interprétation fuppofée par le fieur Brianne, feroit injurieufe à l'autorité
du Légiflateur, & contraire au droit de protection que Dieu a impo-
fée aux Souverains pour maintenir les Décrets de l'Eglife.

L'Article XIII. du même Edit, employé par le fieur Brianne pour
fortifier fon prétendu fixiéme Moyen d'abus, eft abfolument étranger:
Il y eft dit, que les Théologaux ne pourront fubftituer d'autres perfonnes pour prêcher à leurs places, fans la permiffion des Archevêques
ou Evêques; & de cette difpofition l'Appellant veut conclure que les
Curés peuvent donc fubftituer, puifqu'ils n'ont point été compris dans
les défenfes prononcées par rapport aux Théologaux.

Ce n'eft point ici le lieu d'examiner fi les Curés pourroient fubftituer de fimples Prêtres pour remplir les fonctions Paroiffiales dans
leurs Eglifes, fans la permiffion de l'Ordinaire: cette queftion ne regarde pas la matiere dont il s'agit; & comme le Suppliant n'a point
défendu au fieur Brianne de permettre à fes Paroiffiens de fe confeffer à d'autres Prêtres approuvés dans le Diocèfe, il s'enfuit que l'Ordonnance qui le réduit à n'adminiftrer le Sacrement de Pénitence

F

qu'à ses propres Habitans, ne lui a point ôté la liberté de substituer à cet égard la jurisdiction qui peut lui appartenir sur les personnes renfermées dans l'étenduë de son titre ; ainsi l'on voit que l'entreprise scandaleuse de cet Appellant comme d'abus n'est établie que sur des équivoques ; & si les Curés du Diocèse de Rodez peuvent refuser de substituer le Curé de Notre-Dame pour confesser leurs Paroissiens, à plus forte raison l'Evêque qui a une jurisdiction immédiate sur les Curés & les Habitans de toutes les Paroisses de son Diocèse, peut-il s'opposer à ce que ce Curé soit substitué pour administrer le Sacrement de Pénitence aux Habitans des autres Paroisses, ce qui produit la mê- me chose que de le réduire à ses propres Paroissiens.

On ne comprend pas au surplus quelle peut être, dans la matiere présente, l'application que veut faire le sieur Brianne de l'Article XLIX. de l'Edit de 1695. qui veut que les Ecclésiastiques joüissent de tous les droits, biens, dixmes, justices, & de toutes autres choses appartenant à leurs Bénéfices, faisant défenses à toutes personnes de leur y donner aucun trouble ; il n'est pas douteux que ce Réglement n'a pour objet que les biens & droits temporels dépendans des Eglises, ainsi qu'il est établi par les dispositions de ce même Article, qui enjoint aux Cours & Juges de maintenir les Bénéficiers, quand même ils ne rapporte- roient que des titres & preuves de possession, *sans que*, dit cette Or- donnance, *les détempteurs des héritages qui peuvent être sujets aux droits prétendus par les Ecclésiastiques, puissent alléguer d'autre prescription que celle de droit.*

C'est donc sans discernement que le sieur Brianne a cité cet Arti- cle comme l'un des fondemens de son sixiéme Moyen d'abus ; mais en tout cas il est nécessaire qu'il fasse décider préalablement que c'est un droit de son Bénéfice, que celui qui en est Titulaire puisse confesser & absoudre, non seulement ses Paroissiens, mais encore tous les Habi- tans du Diocèse, sans l'approbation de l'Evêque, & même *contradicente Episcopo.*

Le septiéme moyen du sieur Brianne regarde la forme de l'Ordon- nance renduë par le Suppliant, il voudroit y supposer de l'abus, en ce qu'elle est énoncée dans ces termes (pour des raisons à nous connuës.) Il va même jusqu'à dire qu'il y a confusion de la jurisdiction volontaire avec la contentieuse.

C'est bien plûtôt le sieur Brianne qui confond ces deux jurisdictions ; il est vrai que si un Official, en jugeant quelque affaire civile ou crimi- nelle, vouloit s'écarter de la rigueur des Loix, & qu'il insérât dans son Jugement ces termes (pour causes & considérations à ce nous mou- vans, & sans tirer à conséquence.) les Cours du Royaume pourroient ne point approuver cette forme de prononcer dans le Juge d'Eglise ; c'est la Remarque de Fevret cité par l'Appellant, liv. 7. chap. 3. nomb. 5. où cet Auteur en donne cette raison ; *Qu'il n'y a que les Juges Sou- verains ausquels il soit permis, à l'exemple du Préteur, d'adoucir la trop grande rigueur de la Loi, ou par quelque considération se départir des ré- gles communes.*

Mais quand ces principes seroient adoptés dans les Parlemens, quel usage en pourroit-on faire pour critiquer l'Ordonnance dont il s'agit, & qui d'ailleurs ne contient rien qui approche de la prononciation que ces Tribunaux pourroient condamner dans la Sentence d'un Official ? Y a-t-il au surplus quelque parité entre ce qui se passe dans le For gracieux des matieres purement spirituelles, où l'Evêque ne doit suivre que les motifs de sa conscience, & ce qui se traite dans le For contentieux devant le Juge d'Eglise avec tout l'appareil de la Procédure ? Dans l'un le Supérieur Ecclésiastique agit en Pasteur, & n'est point obligé de donner les raisons de sa conduite ; dans l'autre au contraire, le Juge d'Eglise est astraint à certaines formes dont il ne lui est pas permis de s'écarter.

Cette distinction étant supposée, qu'y a-t-il de répréhensible dans l'Ordonnance du Suppliant, d'avoir déclaré *que pour des raisons à lui connuës*, il jugeoit à propos de ne plus permettre au sieur Brianne d'administrer le Sacrement de Pénitence à d'autres qu'à ses Paroissiens ? On peut même observer que le style de cette Ordonnance est conforme à l'usage pratiqué en pareil cas dans tous les Dioceses ; & comme un moyen d'abus doit être fondé sur quelque contravention aux Décrets de l'Eglise, ou aux Loix de l'Etat, il est indispensable que le sieur Brianne rapporte quelque Canon, quelque Loi ou Réglement reçu dans le Royaume, qui défende aux Evêques, lorsqu'ils estiment nécessaire de révoquer les pouvoirs de quelques Confesseurs, de ne point user de ces termes (*pour des raisons à nous connuës.*)

Qu'il soit permis d'ajouter que l'expression censurée par le sieur Brianne dans l'Ordonnance du Suppliant, est d'ailleurs conforme à l'esprit de l'Edit du mois d'Avril 1695. Cette Loi porte dans l'Article XI. *que les Archevêques ou Evêques pourront limiter les pouvoirs de confesser, pour les lieux, les personnes, le tems & les cas, ainsi qu'ils le jugeront à propos, & les révoquer, même avant le terme expiré, pour causes survenuës depuis à leur connoissance, lesquelles ils ne seront pas obligés d'expliquer.*

Si les Evêques, en prononçant de semblables révocations, ne sont point obligés d'en expliquer les causes, il s'ensuit que sans commettre aucun abus ils peuvent employer dans les actes de cette qualité ce motif général (*pour des raisons à nous connuës.*) Ainsi la critique du sieur Brianne a été hazardée sans discernement ; il n'est pas mieux fondé, lorsqu'il oppose que les maximes du Royaume ne permettent pas de condamner quelqu'un sans l'entendre, & encore moins lorsqu'il s'agit de le dépoüiller des droits & des fonctions de son état, la défense faite à l'Appellant d'administrer le Sacrement de Pénitence aux personnes qui ne sont pas de sa Paroisse, n'est point une condamnation, le Suppliant n'a fait que refuser la continuation d'un pouvoir dont l'exercice dépend de sa volonté, & ne peut avoir lieu sans son approbation, il n'étoit donc pas tenu d'entendre la personne refusée, ni d'expliquer les raisons de son refus.

Et quand on voit dire au fieur Brianne, qu'il y a dans l'Ordonnance dont il fe plaint, une confufion de la jurifdiction volontaire & contentieufe (apparemment fur ce qu'il y eft ordonné, qu'elle lui fera fignifiée à la réquête du Promoteur du Diocèfe.) Il faut ignorer les premiers élémens pour avancer des erreurs auffi groffieres ; qui ne fçait pas que les fonctions du Promoteur font également deftinées, pour l'exécution de la difcipline Eccléfiaftique du Diocèfe dans les matieres de l'une & l'autre jurifdiction ? Auffi tous les jours le miniftere de cet Officier concoure avec les Evêques dans les actes qui font de pure jurifdiction gracieufe, comme, par exemple, les unions de Bénéfices, les nouvelles érections des Cures, &c. Il n'y a pas même une Ordonnance renduë par un Evêque, portant défenfes à quelque Prêtre de célébrer la Meffe, prêcher & confeffer dans le Diocèfe, où il ne foit dit qu'elle fera fignifiée à la diligence ou Requête du Promoteur: la raifon en eft évidente, il eft néceffaire de donner une connoiffance juridique à celui qui eft compris dans les défenfes de l'Evêque, & cette fignification ne doit point être faite au nom du Prélat, mais bien à la requête ou diligence de celui qui eft chargé du miniftere public en cette partie, pour veiller à la manutention de la difcipline Eccléfiaftique dans le Diocèfe.

Enfin le fieur Brianne fonde fon dernier moyen fur une prétenduë qualité d'Archiprêtre, dont il voudroit décorer le Bénéfice Cure, ou Vicairie perpétuelle qu'il defert dans une Chapelle de l'Eglife Cathédrale de Rodez ; il eft même fingulier de voir cet Appellant comme d'abus vouloir s'arroger cette dignité fans titre ni fondement, & foutenir en conféquence, qu'au nombre des fonctions attribuées par les faints Décrets à l'Archiprêtre de l'Eglife Cathédrale, le droit Canonique ayant ajouté celle d'entendre les Confeffions des étrangers, le Suppliant n'a pû le priver d'une prérogative inhérente à fa dignité ; le fieur Brianne à ce fujet s'eft répandu dans un grand nombre de citations fuperfluës ou tronquées, pour établir que l'Archiprêtre en vertu de fon titre & de fa dignité, avoit le droit d'entendre les Confeffions de tous les Diocéfains, d'où il a voulu conclure, qu'étant Titulaire de la Cure defervie dans l'Eglife Cathédrale, il en devoit être l'Archiprêtre, & que le Suppliant n'avoit pû fans abus le reftraindre à n'adminiftrer le Sacrement de Pénitence qu'aux feules perfonnes de fa Paroiffe.

Il eft bien inutile, quant à préfent, de difcuter quels font les droits & les fonctions qui peuvent appartenir aux Archiprêtres, l'examen de cette matiere qui ne peut être approfondie fans entrer dans le détail de l'ancienne difcipline, & de celle qui s'obferve aujourd'huy, comme auffi dans les ufages des differentes Eglifes, exigeroit une differtation particuliere qui feroit ici déplacée ; car avant toutes chofes il eft indifpenfable que le fieur Brianne, qui veut relever fon bénéfice en lui attribuant un nouveau titre de dignité chimérique, & jufqu'à préfent inconnuë dans le Diocèfe, juftifie tant par fes provifions que par celles

de

de ses prédécesseurs, que cette qualité d'Archiprêtre est attachée à sa Cure, & que ceux qui en ont été pourvûs, ont joüi en conséquence, des droits, prééminences, jurisdiction & prérogatives attribuées aux Archiprêtres, & en ont exercé les fonctions.

On ose bien dire que l'Appellant comme d'abus, ne parviendra jamais à faire une telle preuve: car aux nouvelles idées par lui enfantées pour soutenir sa révolte, il ne manque que la réalité; mais pour faire évanoüir ces phantômes & ces illusions, il faut tracer ici le véritable état de cette Cure.

Le sieur Brianne bien loin d'être revetu de la dignité d'Archiprêtre par le titre de son bénéfice, n'est qu'un simple Vicaire perpétuel dans la Paroisse qu'il dessert, & ses pouvoirs sont d'ailleurs plus bornés que ceux de la plus grande partie des Curés du Diocèse ; il est vray que le Service de cette Paroisse est célebré dans l'Eglise Cathédrale, non pas à l'un des autels principaux, mais dans une chapelle placée au fond de la nef; il est même à observer que les jours des Fêtes de la premiere & de la seconde classe, le sieur Brianne n'a pas la liberté de dire les Messes de la Paroisse, cet honneur est déféré à un Chanoine dans les jours de la premiere Solemnité, c'est un Hebdomadier qui les celebre dans les autres. Ce nouvel Archiprêtre ne peut également faire la bénediction des fonts baptismaux, ni aucune procession telle qu'elle puisse être, & n'a pas le droit, lorsque le Chapitre est présent, de lever les corps des personnes décédées, toutes ces fonctions appartiennent aux Chanoines ou aux Hebdomadiers.

Suivant l'ancien droit canonique, l'Archiprêtre avoit la prérogative de dire la Grand'messe de la Cathédrale aux jours solemnels en l'absence de l'Evêque, comme aussi d'administrer les Sacremens aux Prêtres & aux Curés de la ville Episcopale ; mais n'y ayant point d'Archiprêtre dans l'Eglise de Rodès, ce sont les Archidiacres ou les Chanoines en semaine qui suppléent au défaut de l'Evêque, le sieur Brianne n'est pas même en droit d'administrer le saint Viatique aux Chanoines malades ni de les inhumer après leur décès, ces fonctions regardent la premiere Dignité du Chapitre ; & le Vicaire perpétuel, qui pareillement ne peut faire les enterremens des habitués du bas chœur, n'assiste point à ces cérémonies.

C'est d'ailleurs un usage constant que l'Archiprêtre de la Cathédrale est une dignité dans cette Eglise, qui lui donne jurisdiction & prééminence sur les autres; le sieur Brianne est bien éloigné d'avoir, non pas l'exercice de quelque jurisdiction, mais même la préséance, puisqu'il ne doit marcher & avoir rang non seulement qu'après tous les Chanoines, mais encore après les Hebdomadiers: on ne peut donc regarder l'Appellant que comme le simple Vicaire-perpétuel d'une Paroisse dont le Chapitre est Curé primitif, & l'on croit pouvoir dire qu'avec des fonctions aussi limitées que celles qui sont délaissées au sieur Brianne dans la desserte de sa Cure, il lui sera bien difficile d'ériger une nouvelle dignité d'Archiprêtre dans l'Eglise Cathédrale de Rodez.   G

Après tout ce qui vient d'être observé, il faut convenir que l'Ordonnance renduë par le Suppliant le 23 Octobre 1737. qui a réduit le sieur Brianne pour l'administration du Sacrement de Pénitence à ses seuls Paroissiens, ne peut recevoir la moindre atteinte, qu'elle est conforme aux saints Décrets, aux Loix de l'Eglise & de la hierarchie, aux Ordonnances, maximes & usages du Royaume, à la discipline de l'Eglise de France & en particulier à celle du Diocèse de Rodez, en un mot qu'elle est exactement réguliere & dans le fond & dans la forme; il faut également convenir que l'entreprise scandaleuse & condamnable du sieur Brianne, dans l'Appel comme d'abus par lui interjetté de cette Ordonnance, renferme l'attentat le plus marqué contre les Loix de l'Eglise & de l'Etat, contre l'autorité légitime des Evêques, les regles de la hierarchie & de la subordination.

A ces causes, SIRE, plaise à VOTRE MAJESTE' donner acte au Suppliant de ce que pour satisfaire de sa part aux Arrêts rendus en votre Conseil d'Etat les 25 Février & 17 May derniers, ensemble pour reponse à la Requête d'appel comme d'abus interjetté par le sieur Brianne Curé de la Paroisse de Notre-Dame de Rodès, de l'Ordonnance du Suppliant du 23 Octobre 1737. qui restraint ledit sieur Brianne à ses seuls Paroissiens pour l'administration du Sacrement de Pénitence, ledit appel comme d'abus reçû par Arrêt du Parlement de Touloufe du 19 Décembre suivant, il employe le contenu en la presente Requête; ensemble les pieces y mentionnées qui seront produites: ce faisant, dire qu'il n'y a abus en ladite Ordonnance, enjoindre au sieur Brianne d'y obéir sous les peines de Droit, & le condamner en tous les dépens : Le Suppliant continuera ses vœux & ses prieres pour la santé & prosperité de VOTRE MAJESTE'.

Me CHERON, Avoc.

A PARIS, chez PIERRE SIMON, Imprimeur du Clergé de France, au bas de la rüe de la Harpe, à l'Hercule. 1739.

www.ingramcontent.com/pod-product-compliance
Lightning Source LLC
Chambersburg PA
CBHW060515200326
41520CB00017B/5057